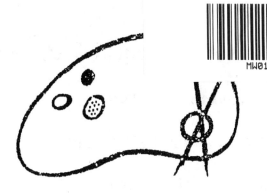

Début d'une série de documents
en couleur

PRIVILÉGE COMMERCIAL

ACCORDÉ EN 1320

À LA RÉPUBLIQUE DE VENISE

PAR UN ROI DE PERSE,

FAUSSEMENT ATTRIBUÉ A UN ROI DE TUNIS

PAR M. L. DE MAS LATRIE.

EXTRAIT

De la Bibliothèque de l'École des Chartes.

PARIS,

1870.

(5)

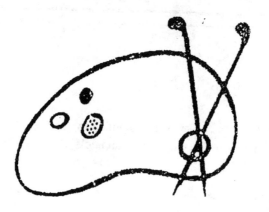

Fin d'une série de documents
en couleur

PRIVILÉGE COMMERCIAL

ACCORDÉ EN 1320

A LA RÉPUBLIQUE DE VENISE

PAR UN ROI DE PERSE,

FAUSSEMENT ATTRIBUÉ A UN ROI DE TUNIS [1].

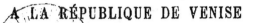

Les archives de Venise possèdent, dans le Recueil authentique des Traités conclus par l'ancienne République avec les princes étrangers, une pièce intéressante de l'année 1320, qui est intitulée *Pactum Tunisii* [2]. Le 4ᵉ registre des *Libri Pactorum* dans lequel se trouve ce document contient la transcription d'actes appartenant au xiiᵉ et au xiiiᵉ siècles et à la première moitié du xivᵉ siècle. L'écriture de l'ensemble du registre paraît peu postérieure à cette dernière époque.

Au xviᵉ siècle [3], Pierre Brixiano, l'un des secrétaires de la chancellerie ducale, composa un index général, à la fois chronologique et géographique, du Recueil des Pactes. Le document de 1320 est mentionné dans ce répertoire, au chapitre concernant le royaume de Tunis, et en cette forme : 1320, *Pactum Tunisii in re mercatoria* [4].

Autorisé par ces indications, que rien ne semble contredire directement dans le texte du monument, Antoine Marin [5], auteur de l'*Histoire générale du commerce des Vénitiens*, en signalant le premier au public le privilége commercial de 1320, n'a pas hésité à le considérer comme une concession expresse et

---

1. Lu à l'Académie des Inscriptions. Séances des 22 et 29 octobre 1869.
2. *Libri Pactorum*, **IV**, fol. 84.
3. En 1538. Voy. *Archiv. des Missions scientif.* 1ʳᵉ série. t. II, p. 261. 341.
4. Voy. *Archiv. des Missions scientif.*, 1ᵉ série, t. I, p. 378.
5. *Storia civile e politica del commercio de' Veneziani.* Tom. IV, p. 287

très-nouvelle, à certains égards, des rois de Tunis à la république de Venise.

Si ces diverses attributions étaient exactes, le diplôme de 1320 concernerait donc le commerce des Vénitiens dans le royaume des Hafsides, qui, à cette date, comprenait la régence actuelle de Tunis avec Tripoli, la province entière de Constantine, et une partie indéterminée, mais peu étendue, de la province d'Alger, à l'ouest de Bougie. Quant à la ville d'Alger elle-même, elle avait été conquise depuis peu, avec toute la vallée du Cheliff, par les rois de Tlemcen [1], qui l'ont possédée jusqu'à la fin de leur dynastie, renversée par Barberousse, au xvie siècle.

J'établirai sans peine, je l'espère, que ce document n'émane ni d'un roi de Tunis ni d'aucun autre prince berbère; mais voyons en premier lieu les questions qu'il concerne et les avantages qu'il confère.

Nous reconnaîtrons d'abord dans ce coup d'œil préalable, que les conditions répondant à ces questions et à la jouissance de ces avantages n'existaient pas pour les chrétiens dans l'Afrique maugrebine; et nous pourrons ensuite déterminer plus sûrement le pays même d'où le privilége est originairement sorti et pour lequel il fut concédé.

Marin résume dans les cinq articles suivants les garanties et les droits principaux qu'il accorde à la nation vénitienne :

1° Permission aux Vénitiens de laisser pâturer leurs bestiaux pendant trois jours, sans payer aucune redevance, dans tous les pays qu'ils traversaient, et remboursement de la valeur de tous biens ou objets enlevés à leurs caravanes.

2° Faculté aux Vénitiens de diriger leurs caravanes partout où ils le jugeraient convenable, et de prolonger sans empêchement leur séjour en tous lieux.

3° Liberté de circulation assurée aux marchands, à l'aller et au retour de leurs voyages.

4° Obligation pour tout musulman (Marin aurait dû dire pour tout gouverneur de district : *melico esiena*, art. 26.) de donner assistance et protection au consul vénitien, toutes les fois qu'il en serait requis par le consul lui-même, pour les affaires de ses nationaux ou le besoin de leurs caravanes.

5° Enfin, compétence des seuls magistrats vénitiens dans les

---

1. Ibn-Khaldoun, *Hist. des Berbères*, trad. de M. de Slane, t. III, p. 390.

procès s'élevant entre leurs concitoyens et tous autres étrangers de nationalité franque.

Ainsi que Marin l'annonce, les circonstances le plus à remarquer dans cet acte, sont les prescriptions expresses et itératives relatives aux courriers et aux caravanes. Non-seulement les marchands vénitiens pouvaient à leur convenance faire circuler des messagers et des courriers dans le pays; mais, ce qui est d'un effet plus considérable encore, il leur était loisible de former des caravanes pour porter au loin leurs marchandises, avec leurs bestiaux et leurs moyens de transport, dont la protection est expressément placée sous la sauvegarde royale.

Si l'on admet avec Marin et quelques écrivains dont il est le seul garant[1], que les Vénitiens avaient, au XIVᵉ siècle, le droit et l'habitude de former des caravanes dans l'intérieur du Magreb, on est conduit naturellement à rechercher quelles étaient les routes suivies par ces caravanes, et on est fondé à croire qu'elles n'en prenaient pas d'autres que les voies ordinaires du grand commerce indigène.

Marin n'hésite donc pas à penser que les Vénitiens, dès la première moitié du XIVᵉ siècle, participaient, en s'y adjoignant, aux vastes convois de marchands musulmans qui, à diverses époques de l'année, partaient de Tunis et se dirigeaient d'un côté vers l'Est et le Fezzan, et de l'autre vers l'Ouest, en correspondant avec les expéditions des marchands de Tlemcen et du Maroc. Il va même plus loin; et pour lui, on doit tenir comme certain que les Vénitiens se réunissaient fréquemment aux caravanes maugrebines qui gagnaient le centre de l'Afrique et s'avançaient en conserve vers Tomboctou.

Nous croyons au contraire que jamais le commerce chrétien n'a fait un pas dans cette direction durant tout le moyen-âge. Quoi qu'en ait écrit Fanucci, sans produire le moindre témoignage à l'appui d'une telle assertion[2], nous pensons que les Toscans, les Florentins eux-mêmes, quelque penchant qu'ils aient eu à tenter les entreprises les plus lointaines, bien avant

1. M. de La Primaudaie, *Le Commerce de l'Algérie avant la conquête française*, p. 282-283. — Avant d'avoir pu vérifier le texte du firman, nous avions partagé l'erreur de Marin. Voy. *Tableau de la situation de l'Algérie*, publié par le Ministère de la guerre. 1845. Appendices, pag. 463.
2. Fannucci, *Storia dei tre popoli marittimi dell' Italia*, t. IV, p. 65.

d'avoir possédé une marine, n'ont jamais pénétré par le Magreb dans le Soudan et le désert.

En examinant sérieusement les monuments contemporains, on ne peut même admettre que les facteurs vénitiens ou toscans aient jamais eu des établissements fixes dans les régions moins avancées de Tafilet et du Djerid intérieur, séparées par l'Atlas de la Méditerranée.

Ce sont là des notions erronnées, qu'il faut abandonner, et que n'autorise pas même le document que l'on croit en être la preuve première et formelle.

Remarquons d'abord, qu'en dehors du diplôme de 1320, découvert par Marin, nulle circonstance, nulle mention historique n'autorise à supposer que les marchands de l'une des nations chrétiennes admises dans les ports africains, au Magreb ou en Egypte, aient participé directement et personnellement au commerce intérieur. Les indigènes expédiaient ou recevaient les productions du pays sur la côte ; dans les mêmes ports et dans les mêmes lieux, à la douane ou dans les fondoucs, ils achetaient les marchandises européennes. On ne voit nulle part qu'aucune nation chrétienne ait été elle-même opérer ses échanges dans l'intérieur de la contrée, et de ville en ville, ce qui est l'essence propre du commerce terrestre. Les sujets de la couronne d'Aragon paraissent avoir eu seuls pendant quelque temps un consulat et un fondouc à Constantine, dans des vues politiques autant que commerciales.

A l'autre extrémité de l'Algérie, Tlemcen a sans doute possédé plus longtemps des colonies de marchands chrétiens, des fondoucs et des agents consulaires chrétiens, surtout Aragonais. Mais Tlemcen, capitale du royaume des Beni-Zian, peut être considérée comme ayant été rattachée autrefois d'une manière constante au commerce maritime, par ses communications avec la ville d'One, à l'embouchure de la Tafna, qui fut son port de mer jusqu'à sa destruction par Charles-Quint en 1533 [1].

Il est d'ailleurs douteux que les Vénitiens aient eu des factoreries à Tlemcen et à Constantine, comme les Aragonais. Leurs établissements dans le Magreb-el-Aksa se trouvaient concentrés à One, Oran et Ceuta. Dans le Magreb oriental, ils ne paraissent pas s'être éloignés davantage de la côte. Bougie, Bône, Tunis, Tripoli

---

1. Voy. nos *Traités arabes et chrétiens,* Doc. p. 265.

et quelques villes secondaires du littoral en étaient les centres principaux. Leurs opérations, et probablement leurs voyages, ne s'étendaient guère au dehors de l'enceinte et de la douane de ces ports. Nulle part, ni dans les historiens, ni dans les actes diplomatiques du temps, il n'est fait mention d'expéditions ou de caravanes vénitiennes parties de ces points pour se rendre dans l'intérieur du pays. Et il est bien difficile d'admettre qu'un fait considérable comme la participation habituelle au commerce terrestre, qui devait nécessiter dans l'installation et la vie des colonies marchandes des établissements et des garanties d'une nature spéciale, n'eût pas été constaté, ou ne soit pas au moins indirectement attesté par quelque mention dans l'un des quatorze traités ou documents diplomatiques connus qui ont établi et renouvelé les conditions protectrices du commerce vénitien dans le Magreb du XIIIe au XVe siècle, de 1231 à 1456.

Un heureux hasard a fait parvenir jusqu'à nous le compte-rendu circonstancié des conférences qui précédèrent la conclusion du traité de Tunis de 1392. Toutes ses dispositions concernent les intérèts et le négoce des Vénitiens sur mer ou sur la côte. Tout y est exclusivement relatif au commerce ou à la police maritime. Le mot de caravane, ou le fait d'un commerce par caravane, n'y est pas une seule fois exprimé ou sous-entendu.

Il resterait à faire une supposition. On pourrait dire que les Vénitiens, après avoir trouvé avantageux, vers l'année 1320, de se livrer personnellement au transport des marchandises dans l'intérieur de l'Afrique, renoncèrent à ces entreprises peu de temps après, et aussi brusquement qu'ils en avaient fait l'essai.

La conjecture, bien peu vraisemblable en soi, est ici inadmissible. Le firman de 1320 réglemente la protection des caravanes chrétiennes comme un fait préexistant au privilège, habituel, notoire, soumis à des usages et à des droits de douane qu'on ne spécifie pas rigoureusement parce qu'ils sont établis en vertu d'une coutume déjà ancienne : *l'usança antiga*. Et cependant nul des traités vénitiens antérieurs à celui de 1320, et nous ajoutons nul des nombreux documents toscans, aragonais ou provençaux connus aujourd'hui, ne mentionne de semblables caravanes, effectuées par des Européens en Afrique, au-delà ni en-deçà de l'Atlas.

Un genre de commerce et de voyages aussi spécial ne s'organise pas sans un intérêt et une nécessité permanente du pays. Si les circonstances économiques ou politiques, qui l'ont amené, viennent à changer, la cessation n'est pas subite. L'ancien état de choses laisse généralement quelques traces dans les actes ultérieurs, comme souvenir d'un ancien usage ou d'un droit persistant, quoique non exercé, mais d'une revendication possible. Toutefois les caravanes vénitiennes, absolument absentes des stipulations des traités africains antérieurs à 1320, ne sont pas mentionnées davantage dans les actes postérieurs des princes d'Afrique, bien que le commerce vénitien ait continué au Magreb, pendant deux siècles encore, dans les mêmes conditions, par les mêmes agents, sous les mêmes garanties communes et spéciales, qui l'avaient jusque-là protégé.

On le voit, les considérations générales rendent déjà bien improbable l'existence de caravanes chrétiennes dans l'intérieur de l'Afrique au moyen-âge. L'exacte connaissance du diplôme de 1320 montre qu'on ne peut invoquer la teneur de ses dispositions pour dire qu'elles aient été pratiquées ou même autorisées momentanément à cette époque.

L'analyse de Marin ne permet de contrôler les conséquences qu'il en tire que par des raisons extérieures, prises dans les conditions toutes maritimes du commerce des chrétiens au Magreb. Possédant aujourd'hui en entier le texte chrétien du firman de 1320, nous pouvons en retrouver le véritable auteur, et l'attribuer avec confiance au pays où il a été primitivement écrit, et dans lequel il devait être appliqué.

Le firman, rédigé originairement en une langue étrangère, est transcrit, en dialecte vénitien, dans le Recueil des traités de la République, conservé à la chancellerie ducale. Il porte, au commencement, la date de 1320 : *fati corrando millesimo trecentesimo vicesimo, mense Decembrio, die vicesimo secundo exeunte*. Contrairement à un usage assez ordinaire, la rédaction n'indique pas le lieu où il fut donné. Nulle mention n'y est inscrite du fait et de l'auteur de la traduction. Peut-être n'est-ce là qu'une simple négligence du rédacteur ou du traducteur, ou bien, ce qui est moins vraisemblable, un oubli du secrétaire de la chancellerie vénitienne.

Le prince de qui émane la concession y est nommé *Monsayt imperador*, sans désignation des pays ou des peuples sur lesquels il régnait. En raison de l'altération si fréquente des noms propres étrangers dans les documents chrétiens et musulmans,

Marin, trompé d'ailleurs par les fausses indications des registres de la chancellerie, a pu croire qu'il s'agissait ici d'un roi de Tunis appelé *Monsuyth*, bien que le trône des Hafsides ait été occupé de 1318 à 1346 par Abou-Yahya Abou-Bekr.

Les expressions employées dans l'acte pour désigner la douane, les péages, et certains employés ou fonctionnaires publics, comme *tamoga*, *tamogaçi*, *tantaulo*, *calamanci*, ont quelque chose d'étrange, et contrastent avec les rédactions chrétiennes des traités arabes où ces mots ne paraissent jamais. Ce fait permet de supposer déjà qu'il s'agit d'un autre pays que le Magreb, sans qu'il suffise à préciser la conjecture. Mais une circonstance mentionnée vers la fin du privilége apporte une lumière bien propre à résoudre la question.

Le 29e article concerne les réclamations de l'ambassadeur Michel Dolfin, au sujet des biens d'un marchand vénitien décédé dans une ville nommée *Arsenga*, biens dont l'empereur ordonne la restitution à l'envoyé de la république. Aucune localité du Magreb ne peut répondre, dans les conditions de l'acte et du temps, à la ville d'Arsenga. Cette ville se retrouve au contraire dans une contrée fort éloignée de l'Afrique, très-connue des Vénitiens, et traversée annuellement par leurs marchands et leurs caravanes.

C'est la ville arménienne d'Arsenga ou Erzenghan, dans la Turquie d'Asie, au sud de Trébizonde, à l'ouest d'Erzeroum, dans une plaine qu'arrosent l'Euphrate et le Lycus. Marc Polo en parle en ces termes : « La grant Hermenie, si est une grant » province. Elle commence de une cité qui est appellée Arsenga, » en laquelle se labourent les meilleurs bouguerans du monde. » Les gens sont Hermins, et sont hommes du Tartar. Il y a (dans » le pays) maintes cités et mains chasteaux ; mais la plus noble » cité est Arsenga, qui a archevesque [1]. »

Les géographes orientaux remarquent qu'Arsenga est une ville ancienne [2], fort grande, très-commerçante et très-peuplée. Son archevêque était vraisemblablement Arménien de nationalité et de rit, comme le fonds général de la population du pays. Beaucoup de Grecs et de Musulmans, de race turcomane et tartare, résidaient aussi dans la ville. Les marchands latins y avaient

1. Edit. de M. Pauthier, Paris, Didot. 1865. T. I, p. 37, 38.
2. Peut-être l'ancienne Satala.

une église, et les religieux cordeliers du couvent établi à Erzeroum, l'un des 14 monastères fondés par les Franciscains dans
le vicariat de la *Tartarie orientale* [1], y faisaient de fréquentes
missions. Nous avons le récit du martyre que subirent en ce lieu :
in Arsenga civitate, trois religieux italiens, dont les géné-
reuses et imprudentes discussions soulevèrent un jour la colère
des Musulmans. L'événement et la relation qui nous en est con-
servée dans Wadding [2] sont de l'année 1314, six ans avant la
date du diplôme signalé par Marin.

L'absence du nom d'Arsenga sur le portulan de 1375 nous
paraît tenir à une cause toute matérielle. Les feuilles 2 et 3 de
l'Atlas se raccordent, assez irrégulièrement d'ailleurs, et pré-
sément à l'entrée des montagnes de la grande Arménie. Le nom
d'Arsenga, que le géographe catalan, dans ses indications toujours approximatives, aurait pu placer également sur l'une ou
sur l'autre feuille, ne figure sur aucune.

Bien que le portulan fût surtout destiné à la navigation et aux
transports effectués par les navires, il donne de fréquentes men-
tions sur les villes et les régions intérieures. A l'est de l'Arménie et de la Mer Caspienne, on voit défiler une grande caravane
marchande avec ses chameaux et son escorte. Partie de la ville
de Saraï, capitale des Mongols occidentaux sur le Volga, détruite
par Tamerlan [3], le convoi va traverser dans toute sa longueur
l'Asie centrale, pour se rendre en Chine, comme l'explique la
légende : « Aquesta caravana es partida de l'imperi de Sara,
» per anar al Catayo [4]. »

Les marchands européens, dont le commerce avait pris un
immense essor en Orient, à la faveur des conquêtes et de la
bienveillance des princes mongols, pénétraient alors dans l'Asie
centrale par trois routes différentes.

Au nord, par la Tana, au fond de la mer d'Azof; d'où les con-
suls et les facteurs génois et vénitiens correspondaient avec les
caravanes du Volga. Au sud de la mer Noire, par Trébizonde et
la grande Arménie. Au fond du vaste coude que forme l'Asie
mineure avec la Syrie, par le royaume arménien de la Cilicie.

1. Wadding, *Annal. Minor*, 2ᵉ édition, t. VI, p. 227.
2. *Annal. Minor*, t VI, p. 224-226.
3. En 1396-1397. M. Quatremère, notes à Schehab Eddin, *Notices et Extraits*,
t. XIII, p. 291.
4. *Notices et Extraits*, t. XIV, p. 150.

La position d'Arsenga entre la moyenne et la haute Arménie, et sur la grande route de l'Asie centrale, mettait cette ville à même de profiter du double courant d'échange des diverses provinces de l'Asie mineure avec les régions plus orientales. Le florentin Balducci Pegolotti, qui a laissé un si précieux tableau du commerce chrétien et de ses vastes relations à l'époque la plus prospère de la maison des Bardi pour laquelle il voyageait, montre bien par les notions multipliées qu'il donne sur Arsenga, toute l'importance de cette position. C'était un des marchés les plus fréquentés des pays compris entre la mer Noire et la Caspienne, un centre, un rendez-vous, où les marchands du sud et du nord de la Péninsule asiatique se rencontraient, réglaient leurs affaires et prenaient leurs derniers arrangements avant de s'avancer vers l'extrême Orient, ou d'y envoyer leurs agents[1].

La route du sud, venant de la mer de Chypre et de Syrie, quoique la plus longue, paraît avoir été très-suivie par les Francs, tant que les princes chrétiens, leurs alliés, ont régné en Cilicie. Elle partait du port de Lajazzo, au fond du golfe d'Alexandrette, connu de tous les marins de la Méditerranée; elle tournait le Kourdistan, région dénuée de commerce et d'industrie, et se dirigeait vers le centre de l'Asie mineure, en traversant le Taurus au nord de Sis, par la vallée du Pyrame. La dernière ville de la petite Arménie qu'elle traversait était *Colidara*, aujourd'hui Gobidar, du côté méridional du Taurus, synonymie constatée par le savant éditeur des chroniques arméniennes[2]. Nous ne savons si les possessions des princes roupéniens s'étendaient bien au-delà, et si elles comprenaient alors, comme sur un autre point de la chaîne, et à une époque antérieure, à Cybistra, en Cataonie, par exemple[3], tout le massif des montagnes.

La première position que la route de Cilicie atteignit dans le pays immédiatement contigu au royaume d'Arménie vers le nord, est nommé par Pegolotti : *il luogo di Gandon*[4]. On ne peut substituer avec certitude à ce nom, qu'il faudrait vérifier sur le ms. de la Bibliothèque Riccardi, comme toute l'édition de

1. Pegolotti, p. 10.
2. *Recueil des Hist. des Croisades.* Documents Arméniens, par M. Dulaurier, t. I, p. CI.
3. M. Dulaurier, *loc. cit.* t. I, p. XXII et not.
4. Pegolotti, pag. 9.

Pegolotti, un nom connu de nos jours ou dans l'antiquité. Ce devait être une des premières stations qu'on rencontrât, soit dans les hauts défilés du Pyrame, si ces vallées se trouvaient hors des domaines des rois roupéniens, soit tout à fait au-delà de la chaîne du Taurus, en entrant dans les plaines de la Cappadoce. Ce pourrait être, en ce cas, *ad Prætorium* ou *Badimus*, de l'Itinéraire d'Antonin [1], sur la route où se trouvent aujourd'hui Elbostan et Ghouroun.

Quoi qu'il en soit de cette identification, la mention positive fournie par Pegolotti, au sujet de Gandon, est fort utile : « Gandon, dit le voyageur florentin, cioé all' entrare delle terre » di Bonsaet, cioé del signor dei Tartari [2]. »

Ainsi, Gandon était, au milieu du xive siècle, la première ville soumise à la domination mongole que l'on trouvât, au centre de l'Asie mineure, en sortant du royaume des princes de la petite Arménie. A cette ville, et au bas de la chaîne, ou dans les dernières gorges du Taurus, commençaient les vastes états de l'empereur mongol Bonsaet.

Il n'est pas nécessaire de pousser plus loin nos recherches. Les notions que nous venons de rapprocher suffisent pour retrouver la provenance et la destination du firman de 1320.

Bonsaet, dont le nom doit être écrit sur le ms. Riccardi : *Bousaet,* est évidemment Abou-Saïd, fils et successeur d'Oldjaïtou, empereur des Mongols de la Perse, qui a régné de 1316 à 1334, au sud du Caucase, sur la vaste partie de l'Asie centrale, comprenant quelques anciennes provinces de l'empire d'Iconium, détruit par leurs armes, le Khoraçan, la grande Arménie et la Perse, jusqu'au Béloutchistan exclusivement.

Le diplôme de 1320, retrouvé par Marin, est dû à ce prince. Il est destiné à protéger les voyages et le commerce des caravanes que les Vénitiens, à l'exemple des Génois et vraisemblablement des Florentins, faisaient dans ces contrées au moyen-âge, et qu'ils ont continué à y pratiquer avec sécurité jusqu'à la destruction de la puissance mongole par les Ottomans. Il a dû être rédigé primitivement en mongol, en persan ou en turc [3],

1. *Recueil des Itinér*, éd. Fortia d'Urban, pag. 48, 62.
2. Pegolotti, p. 9.
3. Cf. Abel Rémusat, 2e Mémoire. *Mém. de l'Acad. des Inscript.*, t. VII, p. 364, 390; M. de Sacy, *Mém. de l'Acad.*, t. III, Hist. p. 116; M. Quatremère, trad. de *l'Histoire des Mongols* de Raschid Eldin, t. I, p. CVII. Coll. Orient.

langues qu'employèrent les dynasties tartares fixées dans la partie occidentale du grand empire mongol, après la séparation qui avait eu lieu sous Koubilaï. La dynastie à laquelle appartenait Abou-Saïd est celle que Marc Polo appelle les *Tartares du Levant* ou de la Perse. Les Mongols qui régnaient en Crimée et dans le Kaptchak, au nord du Caucase, depuis le Dniéper jusqu'à la mer d'Aral, sont, pour lui, les *Tartares du Ponent*.

Nous possédons plusieurs actes souverains promulgués par ces derniers princes, à l'effet de protéger et de développer les établissements qu'avaient fondés les marchands européens en Crimée et à la Tana, à l'embouchure du Don. M. de Sacy a publié dans le tome XIe des *Notices et extraits* [1] deux traités conclus par les Génois de Caffa avec le seigneur de Crimée et l'empereur Toctamisch, grand khan du Kaptchak en 1380 et 1387. Sept documents vénitiens, de 1333 à 1358, ont été récemment insérés dans notre Recueil [2].

Nous ne connaissons d'autre privilége commercial concernant les relations des Européens avec les Mongols de la Perse que le firman d'Abou-Saïd, de 1320, accordé à Michel Dolfin, ambassadeur de Jean Soranzo, et découvert par Antoine Marin. Mais trois pièces, d'une bien autre portée, existent, on le sait, en original en France [3], et ont été l'objet de savants mémoires de MM. de Sacy [4] et Abel-Rémusat [5]. L'une fut adressée précisément en 1306, par Oldjaïtou, père d'Abou-Saïd, au roi Philippe le Bel. Oldjaïtou cherchait alors, comme son père Argoun, dont les archives possèdent une lettre originale de 1289, à former une vaste ligue des princes chrétiens avec l'empire mongol, pour écraser les Mameloucs en Syrie et en Egypte. Dédaignée au XIIIe siècle, quand le projet en fut proposé aux Mongols par les Papes et les Latins d'Orient, la pensée de cette grande alliance, qui pouvait changer complétement la marche des événements dans l'Orient de la Méditerranée, était reprise et obsti-

1. Pag. 52 et 62.

2. *Bibliothèque de l'Ecole des chartes*, 6e série, t. **IV**, p. 580.

3. Arch. de l'Empire, ᵀ. 937.

4. *Mém. sur une correspondance inédite de Tamerlan avec Charles VI*, par M. de Sacy, *Mém. de l'Acad.*, t. **VI**, p. 470.

5. *Mém. sur les relations politiques des princes chrétiens et particulièrement des rois de France avec les empereurs Mongols*, par M. Abel-Rémusat. *Mém. de l'Acad.*, t. **VI**, p. 396; t. **VII**, p. 335.

nément poursuivie au xıvᵉ siècle, par les empereurs mongols, quand elle était devenue presque impossible à réaliser, depuis que les Francs avaient perdu la Syrie et que la division régnait parmi les princes d'Europe. Pendant plus de 50 ans, Houlagou et ses successeurs envoyèrent à cet effet des ambassadeurs et des missives pressantes à Rome, à Avignon, à Paris, à Londres, en Italie et en Espagne[1].

Nous n'avons pas à rappeler les circonstances qui rendirent inutiles tous ces efforts tardifs, et nous tenons à ne pas nous écarter de ce qui se rattache immédiatement au firman que le fils d'Oldjaïtou, dans un but purement commercial, mais tout à fait conforme à la politique générale suivie par ses ancêtres depuis un demi-siècle, accorda aux Vénitiens.

Comparée aux documents mongols du Kaptchak, cette pièce présente, dans le texte de ses dispositions et dans sa forme extérieure, quelques différences à remarquer. La principale provient de la destination même de l'acte, et de la nature diverse du commerce que les Européens faisaient au moyen-âge dans les régions du Caucase.

Bien que certaines éventualités maritimes soient prévues dans le firman d'Abou-Saïd[2], parce que la souveraineté des Gengis-khanides de Perse arrivait à la mer Noire, directement dans la Géorgie, conquise depuis longtemps, et médiatement dans l'empire de Trébizonde, réduit souvent à l'état de vasselage ; néanmoins, le privilége de 1320 avait surtout pour objet de protéger un commerce terrestre et méditerranéen. Au nord du Caucase, au contraire, à la Tana et en Crimée, les actes souverains qui nous sont connus concernent les droits, les habitudes et les franchises d'un commerce principalement maritime. Quoique les Génois aient eu de grandes possessions en Crimée, il en est peu question dans les priviléges mongols ; leurs traités réglent surtout la juridiction consulaire, les droits de navigation, les tarifs de la douane et la police des marchés dans les ports ouverts à leurs navires. A la Tana même, à l'entrée d'un continent accessible à toutes leurs entreprises, les firmans accordés aux Européens semblent n'avoir en vue que les intérêts commerciaux à régler sur les côtes et dans les eaux de l'empire. Leurs relations

1. Abel-Rémusat, *loc cit.* t. VII, p. 336, 410.
2. Art. 27.

avec les pays et les gens de l'intérieur, favorisées par les dispositions générales de l'acte, ne sont pas l'objet des stipulations
spéciales que le privilége persan énumère au contraire avec
beaucoup de détail.

On sait cependant, par des témoignages multipliés que les
Occidentaux, principalement les Génois et les Vénitiens, non
contents du commerce d'échange qu'ils faisaient avec le Kaptchak septentrional dans leurs établissements de Caffa et de la
Tana, portaient plus loin leur activité et se livraient personnellement au transport et à la vente de leurs marchandises vers les
provinces orientales de l'empire mongol. Non-seulement, ils
s'adjoignaient aux caravanes indigènes, mais ils n'hésitaient pas
à voyager en groupes isolés, quelquefois très-peu nombreux.
Pegolotti remarque que la sécurité était moindre entre la mer
Noire et la Caspienne, d'Azof à Saraï et à Astrakhan, que dans
les régions plus avancées de l'Asie centrale [1]. La perspective de
quelques rencontres périlleuses, la fréquence des péages, ni la
longueur des chemins n'effrayaient les Européens. On voit qu'ils
allaient fréquemment vendre eux-mêmes leurs chargements dans
les grandes villes Mongoles et jusqu'à Pékin, où le pape Clément V avait créé récemment un siége archiépiscopal, dont le
titulaire portait le nom mongol de *Cambalicensis archiepis-
copus* [2].

Le voyage se faisait habituellement avec une ou deux charrettes couvertes que trainaient des bœufs, des chevaux ou des
chameaux. Pegolotti, dans ses conseils aux européens qui
voulaient se rendre d'abord à Astrakhan et à la mer Caspienne
en passant par la ville impériale d'Ak-Seraï, sauf à entreprendre
ensuite, comme il avait fait lui-même, la longue et profitable
excursion de Chine, leur recommande seulement de s'assurer
d'un ou de deux drogmans sachant le turcoman, *la lingua cuma-
nesca*, de deux serviteurs, de quelques hommes d'escorte, et de
s'approvisionner suffisamment de farine et de poisson salé. La
viande ne devait leur manquer nulle part. Avec une escorte de
60 hommes, Pegolotti assure qu'on pouvait, sans courir aucun

1. « Il camino d'andare dalla Tana al Gatajo e sicurissimo... Ragionasi che
» dalla Tana in Sara sia meno sicuro il camino. » Pegolotti, p. 2, 3.
2. Mosheim, *Hist. ecclesiast. Tartarorum;* dans M. Abel-Rémusat, 2ᵉ Mém.
t. VII. *Khan-Balik* (la ville du khan) est le nom mongol de Pékin.

risque, effectuer les plus longs voyages dans l'Asie centrale par les circonstances les moins favorables, à l'exception du temps de l'interrègne qui séparait la mort du souverain et l'intronisation de son successeur [1].

Vingt-cinq jours étaient nécessaires pour franchir la distance qui sépare Azof d'Astrakhan, avec une charrette à bœufs. On parcourait 7 à 8 lieues par jour. Douze jours suffisaient avec des charrettes à chevaux. Pegolotti estime qu'un marchand chrétien, portant avec lui des marchandises d'une valeur de 25 mille florins d'or, pour se rendre de la mer Noire à Pékin, avec son interprète et ses serviteurs, ne dépenserait pas plus de quatre cents florins d'or, et autant pour le retour [2].

Nous nous écarterions trop de l'objet de cette communication, si nous suivions davantage dans le voyageur toscan, les notions spéciales qu'il donne sur les relations des Européens avec l'Asie centrale, quelqu'intéressant qu'il put être de compléter ainsi les renseignements plus connus de Marc Polo, de Rubruquis et de Plan Carpin. C'est le firman de l'empereur Abou-Saïd, que nous avons surtout en vue.

Sous le rapport diplomatique, il ne pourrait y avoir grande utilité à comparer, dans les versions chrétiennes que nous en possédons, ce document avec les actes analogues des Khans de la mer Noire. Nous sommes frappés cependant d'une différence assez sensible, quant à un détail, que met en évidence la comparaison du firman du roi de Perse avec ceux des empereurs de la Khazarie. C'est un contraste, ou une omission assez notable. Mais cette différence peut provenir uniquement de l'oubli ou de l'ignorance du traducteur, et n'avoir eu autrefois aucune réalité dans les faits, car il est bien vraisemblable que les mêmes habitudes dirigeaient la chancellerie et le cérémonial des deux grandes dynasties des Mongols occidentaux dans leurs rapports avec les Francs.

La plupart des priviléges accordés aux Vénitiens par les empereurs du Kaptchak mentionnent ce fait, que la charte ou l'instrument même de la concession souveraine, daté et scellé de sceaux imprimés en rouge, était remis aux représentants de la république, en même temps qu'un certain objet dont la destina-

1. Pegolotti, p. 2-3.
2. Pegolotti, pag. 1, 2 et 3.

tion et l'utilité ne sont indiqués dans aucun acte, et dont le nom est diversement écrit, en latin et en vénitien *baisa, paysam, paysanum, baissinum.* Le privilége de l'empereur Uzbek-Khan, délivré à André Zeno, sur la rive du Kouban, le 7 août 1333, se termine ainsi : « Dedimus *baisa* et privilegium cum bullis rubeis, in anno « Simie [1]. » L'empereur Zanibeck, en renouvelant, vers 1344 et en 1347 les franchises des Vénitiens dans ses états, rappelle que leur nation avait reçu de son père le « preceptum » c'est-à-dire le firman ou le yarlig [2], et le *paysanum* [3]; et il accorde les mêmes faveurs à ses nouveaux ambassadeurs [4]. Des expressions semblables se retrouvent dans le firman de l'empereur Berdibeck en 1358 : « Avemo dado comandamento (le document écrit) cum « le bolle rosse et lo *paysam.* [5] »

L'explication de ce terme, qu'on chercherait vainement dans les glossaires grecs et latins du moyen âge, nous est donnée, je crois, par les récits des voyageurs et des missionnaires européens sur les coutumes de la cour des empereurs Mongols, à laquelle ils eurent accès. Rubruquis [6] et Marc Polo [7] font connaître l'usage, qu'avaient les Khans Mongols, de délivrer à certains fonctionnaires de l'empire et à certaines personnes notables, comme une prérogative spéciale, des plaques de métal, aux insignes impériaux. Les savants auteurs et traducteurs de l'*Histoire des Mongols* [8], qui nous fournissent ces premières indications, y ajoutent des renseignements puisés aux sources orientales.

1. *Biblioth. de l'Ecole des chartes,* 6ᵉ série. t. IV, p. 584.
2. Qu'on nous permette de remarquer que le *yarlig* n'était pas la même chose que la tablette ou plaque de commandement. (M. Pauthier, éd. Marco Polo, Introd. pag. cliv.) Le *yarlig* répond à notre charte ou diplôme occidental, écrit sur papier. La plaque est le *paizé* en métal. On lit dans Raschid Eldin : « Hou- » lagou lui ayant fait remettre un *paizeh* et un *yarlig,* lui conféra le gouverne- » ment de la ville de Toun. », t. I, p. 177. Coll. Orient. Cf. p. 179, not. 44; M. d'Ohsson, *Hist. des Mongols* (La Haye, Amsterdam, in-8°), t. IV, p. 402.
3. *Biblioth. de l'Ecole des chartes, Loc. cit,* p. 585, 587.
4. *Loc. cit.* p. 586.
5. *Loc. cit.* p. 594, 595.
6. *Mém. de la Soc. de géographie de Paris,* t. IV, p. 312.
7. Edit. Pauthier, t. I, p. 14, chap. 8; p. 29, chap. 18; p. 254, chap. 80, pag. 254-255. not.; et Introd. pag. cliv. Cf. édit. de la Soc. de géogr. de Paris. Mém. t. I, p. 6. 302.
8. M. d'Ohsson, *Hist. des Mongols,* t. IV, p. 412-414; M. Quatremère, *trad. de l'Hist. des Mongols* de Raschid-Eldin, t. I, p. 177, note 45; Collect. Orient. Voy. en outre les notes de M. Pauthier, à l'édit. de Marc Polo. *Loc. cit.*

Les plaques ou tablettes d'or dont parlent Rubruquis et Marc Polo, étaient remises en guise de diplôme aux vice-rois des états soumis, aux commandants militaires, aux intendants des provinces et aux dignitaires envoyés en mission. Il suffisait à celui qui en était muni, de montrer la Plaque impériale, pour trouver partout respect et main forte au besoin, et pour obtenir les vivres et les chevaux nécessaires à son voyage.

Matériellement, la Tablette était une lame de métal (d'or pour les hauts dignitaires) large comme la main et longue d'une demi-coudée à une coudée entière. La grandeur, le poids, et la matière même différaient suivant la qualité et le rang de la personne à qui elle était délivrée [1]. Elle portait une inscription assez courte, renfermant un ordre souverain conçu en termes généraux ; la partie supérieure était ornée de quelques emblêmes, comme des têtes de lion, des gerfauts, l'image du soleil ou de la lune.

On a découvert en 1846 dans la Russie méridionale une Tablette mongole destinée à un fonctionnaire de second ordre. Elle est en argent et porte une inscription qui a été traduite ainsi :

> Par la force du ciel !
> Que le nom de Moungké-Khan soit honoré, béni.
> Qui ne le respectera pas périra [2].

Un seul orfèvre, attaché à la cour impériale, était chargé de fabriquer les tablettes impériales, du moins les plus riches. Avant qu'elles ne fussent remises au destinataire, l'orfèvre les frappait d'un poinçon secret, sous les yeux du prince.

Quant au nom de cet objet précieux, dont la remise conférait comme une sorte de délégation partielle et momentanée de l'autorité souveraine, Rubruquis et Marc Polo ont voulu le traduire par des équivalents. Rubruquis l'appelle *Bulla* [3]. Marc Polo,

1. Il y avait des plaques d'argent et de cuivre pour les officiers du second ordre et pour les courriers. Rubruquis et Marc Polo, *loc. cit.*; Quatremère, *trad. de Raschid Eldin.* t. I, p. 177, not. 45.

2. M. Pauthier, éd. de Marc Polo, t. I, p. 255, n. *Journal asiatique*, Juin 1861.

3. « Bullam suam platam scilicet auream ad latitudinem unius palme et lon- » gitudinem semis cubiti. » Rubruq. *Mém. de la Soc. de géogr, de Paris*, t. IV, p. 312.

rapporte que l'empereur Koubilaï en accorda un semblable à son père et à son oncle, en 1265, lors de leur retour en Europe, avec un seigneur Tartare, envoyé comme ambassadeur à Clément IV. Il le désigne sous le nom de *Table d'or* ou *Table des commandements* [1]. En chinois, on le nomme *Paï* ou *Kin Paï*. En langue mongole, son nom est *Paizé* [2].

C'est cette dénomination technique et locale que les traducteurs des firmans vénitiens du Kaptchak ont voulu certainement conserver dans leurs actes, en lui donnant les formes latines de *paysanum, baissinum, paysam,* et *baisa*. L'identité de signification de ces différents mots mongols et latins nous semble d'autant plus assurée, que l'un des priviléges de l'empereur Zanibeck, cité par nous précédemment, porte que l'objet livré aux ambassadeurs de la république, Jean Quirino et Pierre Giustiniani, en même temps que la charte du privilége impérial, était en or : « Eisdem ambaxatoribus gratiam fecimus adimpletam, « eisdem dando *baissinum de auro*, et nostrum preceptum cum « bullis tribus rubeis bullatum [3]. »

Le *paysam* est donc bien cette Plaque d'or que les empereurs Mongols remettaient aux grands dignitaires, aux ambassadeurs et aux étrangers de distinction, pour faciliter leurs missions et leurs voyages dans l'empire. Si ces faits sont établis comme nous le croyons, il est permis d'apporter un léger changement à la traduction qui a été donnée dans les *Notices et Extraits* du traité conclu en 1380 entre la colonie génoise de Caffa et le gouverneur impérial de Crimée, Jharcasso. Le prince Jharcasso, qui paraît avoir été investi de la vice-royauté peu de temps avant la conclusion du traité génois, avait reçu un *Paizé* impérial, lors de sa nomination à la cour de Saraï. Le traité annonce qu'il est venu dans *l'île de Solgat* (la Crimée), au nom de l'empereur (Toctamisch-Khan) et qu'il a mission d'entretenir la bonne amitié avec les Francs. Le protocole, en revenant sur la qualité de délégué impérial conférée à Jharcasso, continue ainsi : « e « como meso de lo imperao, e como so mesaggo, vegnando *cum*

---

1. M. Pauthier, éd. de Marc Polo, t. I, p. 14, 29, 254. — Dans le texte latin de la Société de géographie : « Tabulam unam auream dedit ei. » *Mém.* t. I, p. 302.

2. M. d'Ohsson, *loc. cit.* t. IV, p. 402, 412-414. M. Quatremère, *trad.* de Raschid Eldin, t. I, p. 177, not. 45; M. Pauthier, Marc Polo, t. 1, p. 14, etc.

3. *Bibl. de l'Ecole des chartes, loc. cit.* p. 586.

« *lo paysam* de ľo imperao, a nome de ľo imperao [1]. » M. de Sacy a traduit le passage par ces mots : « Comme envoyé dudit « empereur et son messager, venant *avec les gens du pays* « de l'Empereur. » Il faut dire évidemment : « venant *avec la plaque* de l'Empereur. »

Sans insister sur ce détail, et sans rechercher d'autre part comment il se fait que le firman du roi de Perse ne constate pas la remise de la Plaque d'or à l'ambassadeur du doge Soranzo, revenons à ce qui concerne plus particulièrement ce document.

Nous voyons maintenant pourquoi la partie technique et pratique de ses dispositions diffère autant de celle des documents africains du Magreb et de l'Egypte.

Il n'est pas une seule fois question dans le diplôme d'Abou Saïd des mesures réciproquement prescrites entre chrétiens et musulmans pour la répression de la piraterie et la protection des naufragés, ni des droits relatifs à la navigation, au stationnement et au départ des navires étrangers, circonstances constamment et quelquefois très-longuement spécifiées dans les documents berbères. Les choses communes aux deux pays, parce qu'elles sont communes à toute sorte de commerce, et absolument nécessaires entre nations de langues différentes : les douanes et les interprètes, y sont désignés généralement par des noms tout différents. Dans le Magreb, c'est toujours de noms arabes : *doana* et *torcimanni*, qu'on les appelle. Les gens préposés à la perception des péages sur les ponts et les routes, sont appelés *peageri* ou *guardia*. Le congé ou quittance de la douane : *albara*, le bérat [2].

Dans le firman du roi de Perse, la douane et les droits de douane se nomment *tamoga*, *tamunga* ; les douaniers *tamogaci* ; les gardiens et péagers des routes *tantaulli* ; la quittance de la douane *çonas* ; les interprètes *calamanci*. Et nous savons positivement pour la plupart de ces dénominations d'origine vraisemblablement mongole ou persane, qu'elles étaient effectivement employées avec cette signification, par les marchands européens qui commerçaient dans les pays situés entre l'Asie Mineure, la mer d'Azof et la Haute Asie. Pegolotti l'explique ainsi, au début de son livre, dans les renseignements généraux

---

1. M. de Sacy, *Notices et Extraits*, t. XI, p. 54.
2. Voy. nos *Traités arabes et chrétiens*, p. 51, art. 19.

qui précèdent sa description du commerce spécial de chaque contrée. « A Trébizonde, à Caffa, à la Tana, à Tauris [1], et dans
« toute la Perse, on appelle *Tamunga* ce qu'on appelle *Doana*
« dans les pays sarrasins, *Comerchio* dans les pays Grecs et
« en Chypre, *Dazio* à Venise, *Gabella* en Toscane, *Chiaverie*
« en Provence, *Lesde* [2] *Maltote*, *Péage* et *Barre* en France ;
« *Coutume* en Angleterre. Les *Tantaullo* ou *Tantaulli* sont
» les gardiens des routes. Dans les pays des Tartares on appelle
« *Calamanci*, les drogmans, qu'on nomme ailleurs et particu-
« lièrement chez les Sarrasins *Turcimanni* [3]. »

Mais nous devons faire connaître les dispositions mêmes du
firman d'Abou Saïd, car l'aperçu qui en a été donné par Marin
n'est pas tout à fait suffisant et manque quelquefois d'exac-
titude.

La protection promise aux courriers et aux caravanes, et la
reconnaissance de la juridiction consulaire n'étaient pas les seuls
avantages assurés aux marchands vénitiens dans les Etats
d'Abou-Saïd. L'acte impérial garantit, par les prescriptions les
plus expresses, le respect de leurs personnes, de leurs biens et
de leur culte ; la liberté et la sécurité de leurs transactions. Les
biens laissés par un vénitien décédé dans les Etats du roi de Perse
devaient être remis intégralement au consul de la république [4].
Il était permis aux prêtres et aux moines Latins, chargés du
service religieux de la nation de fonder des couvents ou des cha-
pelles dans toutes les localités de l'empire où ils jugeraient convenable d'en établir [5]. Nous savons que les religieux Franciscains
à la faveur de ces dispositions bienveillantes qu'ils avaient trou-
vées surtout chez Houlagou et ses premiers successeurs, possé-
daient au xive siècle, 14 couvents dans les deux grands empires
Mongols asiatiques. Deux avaient été établis dans la ville de
Zeytoun en Chine, ou le frère Oderico de Pordenone les visita
en 1318 [6]. A l'époque même de la concession du diplôme d'Abou-
Saïd, le siége archiépiscopal de Pékin était occupé par un fran-

1. L'édition de Pegolotti porte : *a Tunizi* (pag. xxv), il faut lire incontestablement : *a Torizi*.

2. Pegolotti : *Lelda* pour *Lesda*, p. xx.

3. Pegolotti, p. xxiii.

4. Art. 9.

5. Art. 17.

6. Voy. son récit dans Ramusio, *Viaggi*, t. II, fol. 245 v°.

ciscain, Jean de Monte Corvino, qui fut remplacé à sa mort,
vers 1339, par un autre religieux du même ordre.

Nul vénitien ne devait être recherché pour les faits, les dettes
ou les délits d'un autre vénitien; et la responsabilité individuelle
de chaque sujet franc, voyageant ou trafiquant en Perse, est
plusieurs fois rappelée dans le firman [1]. Non seulement les
magistrats impériaux étaient tenus de prêter assistance au
consul vénitien quand il la requérait, pour l'exécution de ses
ordres, mais les préposés de la douane avaient charge de veiller
par les devoirs de leur office à ce que les Vénitiens fussent exac-
tement payés de ce que les gens du pays pouvaient leur devoir [2].

Sous aucun prétexte, on ne devait contraindre les Vénitiens à
vendre leurs marchandises ou à les déposer contre leur gré dans
les magasins de la douane [3]. La liberté la plus entière leur était
garantie pour leurs ventes et leurs achats [4]. Nul sujet ou fonctionnaire de l'empire ne devait chercher à gêner ou à détourner
les courriers, les conducteurs et autres serviteurs engagés par
écrit, pour leurs affaires ou leurs transports [5]. Ils pouvaient
choisir tels courtiers et en tel nombre qu'il leur convenait [6].

Il était enfin déclaré que nul Vénitien ne pouvait être soumis
au paiement des contributions (*daia o cholta*) perçues dans l'in-
terieur de l'empire pour l'empereur ou toutes autres personnes [7].
Les sujets de la République, et vraisemblablement tous les
marchands chrétiens qui voulaient se recommander comme tels,
n'avaient, paraît-il, à supporter d'autres charges publiques
que celles qui provenaient de ces deux sources : premièrement
les péages, assez fréquents d'ailleurs, et confondus avec les droits
de garde ou de sauvegarde, établis à l'entrée des villes et à certains passages des routes ; et secondement les droits de douane [8].

Le firman ne dit rien expressément des *Recommandés* ou
Protégés vénitiens ; mais on est autorisé à croire que la condi-
tion de tout marchand chrétien accepté comme un compatriote

1. Art. 13, 24, 27.
2. Art. 4, 5.
3. Art. 2.
4. Art. 18.
5. Art. 7.
6. Art. 28.
7. Art. 20.
8. Cf. Pegolotti, pag. 9-10.

par les Vénitiens et les Génois jouissait des avantages de la nation protectrice. C'était de droit commun au Magreb [1], et tout indique qu'il en était de même dans les états mongols de l'Asie. On lit dans les *Statuts de Gazarie* et particulièrement dans un réglement du xiv⁰ siècle dressé pour les Génois commerçants en Perse : « Januensis seu qui pro Januense distringatur », etc., expressions qui désignent toujours les Génois et les protégés génois [2]. En plusieurs circonstances, dans la concession même d'Abou-Saïd, il est dit que les dispositions étaient applicables à des marchands autres que les sujets directs de la république de Venise : *Que tuti li Vinitiani e de li Nostri*, etc. [3].

Le firman ne précise pas la quotité des droits de douane, et n'indique pas si le tarif était applicable aux exportations et aux importations. Il se borne à déclarer que nul droit supérieur à l'ancien usage ne doit être exigé des Vénitiens par les préposés aux douanes et aux lieux de péage [4]. Nous savons que dans l'empire du Kaptchak les Vénitiens payaient sur leurs importations, au moment de la vente, un droit variable de 3 à 5 %[5]. Dans les royaumes berbères, les droits perçus sur les importations chrétiennes s'élevaient de 10 à 11 1/2 pour cent. Les exportations supportaient elles-mêmes un tarif de 5 % atténué par de nombreuses exceptions [6].

La comparaison du privilège d'Abou-Saïd avec les documents semblables accordés aux nations chrétiennes, soit dans le Katpchak, soit en Afrique, pourrait fournir matière à d'autres observations, concernant les usages et les institutions du commerce, la nature et la valeur des marchandises. Ces recherches nous entraîneraient trop loin, et nous n'avons pas le dessein d'en présenter ici le résultat.

Nous nous sommes surtout proposés, dans cette exposition déjà longue, de montrer la fausse voie où avait conduit l'attribution du firman vénitien de 1320 à un roi de Tunis ; nous avons voulu, en le reportant à son véritable auteur, restituer un document

1. Voy. nos *Traités arabes et chrétiens*, Introd. p. 98.
2. *Monumenta Patriæ. Leges munici. impos. Off. Gazarie.* Col. 348, 349. Cf. *notre Hist. de Chypre*, t. II, pag. 51 et 257, n. « Januenses et dicti Januenses. »
3. Art. 1 du Privilège.
4. *Usança antiga*, art. 1; *El so drito*; art. 3.
5. *Biblioth. de l'Ecole des chartes.* 6ᵉ série, t. IV, pag. 587, 588.
6 Voy. nos *Traités entre Chrétiens et Arabes.* Introd. p. 194, 197.

authentique de quelque intérêt à l'Histoire des relations amicales qu'entretinrent encore les empereurs mongols de la Perse avec les chrétiens occidentaux, à une époque où ils ne devaient plus espérer de les déterminer à leur venir en aide contre les sultans mameloucs, maîtres de l'Egypte et de la Syrie.

Nous n'avons plus qu'à faire une dernière observation sur la transcription du privilége de 1320 dans la Collection authentique des Traités de la République de Venise. La confection des quatre premiers registres de ce Recueil précieux, dont les documents sont généralement compris, comme nous l'avons dit, entre le commencement du xiᵉ siècle et l'année 1350, fut effectuée au xiiiᵉ et au xivᵉ siècles. La copie des registres suivants qui renferment des documents du xivᵉ et du xvᵉ siècle est à peu près contemporaine des pièces. Quelque soin qui présidât à ces enregistrements, véritablement officiels, puisqu'ils dépendaient du chancelier de la République, il a pu se glisser quelquefois des erreurs d'attribution et d'interprétation dans les rubriques initiales que les secrétaires ajoutaient souvent aux pièces, en les transcrivant. Nous en avons un exemple bien remarquable dans l'enregistrement du présent privilége persan de 1320.

Les trois lignes qui précèdent le dispositif du firman : *Questo è lo exemplo de li comandamenti de Monsayt imperador*, etc., appartiennent vraisemblablement à la traduction originale de la pièce. Cette traduction dut être effectuée en Perse, par l'un des religieux ou l'un des commerçants vénitiens fixés dans le pays et en parlant la langue. *Monsayt* au lieu d'*Abou-Saïd*, peut être une erreur soit de l'employé de la chancellerie ducale, soit du traducteur lui-même. Rien n'est plus commun dans les anciens actes internationaux que la déformation réciproque des noms de personnes et de lieux.

Mais, quant à l'intitulé *Pactum Tunisii*, qui attribue par erreur le diplôme asiatique à un roi d'Afrique, il ne pouvait figurer sur aucun des instruments originaux du firman d'Abou-Saïd, ni sur le texte persan ni sur la première expédition de la version chrétienne. Il est entièrement et incontestablement le fait des employés de la chancellerie vénitienne, qui ont dû le transcrire assez tardivement vers le milieu du xivᵉ siècle. L'erreur se trouve consacrée d'ailleurs dans tous les inventaires des archives de Venise et dans divers recueils des actes officiels de la chancellerie, notamment dans le second exemplaire des *Libri Pactorum* conservé jusqu'à ces derniers temps aux archives de Vienne [1] et dans un cartulaire de la République désigné sous le nom de *Liber Albus* [2], qui paraît d'une date antérieure encore à celle du 4ᵉ registre du plus ancien exemplaire des Pactes.

On voit ainsi que les transcriptions les plus autorisées et même les plus voisines de l'âge des documents publics sont quelquefois entachées d'erreurs graves, et combien il est utile de remonter, toutes les fois qu'il est possible, au texte même de l'instrument original et primitif.

J'ajoute aux explications précédentes, comme un complément nécessaire, le texte même de l'original vénitien du firman de 1320 avec la version que j'en ai tentée, en remerciant MM. de Slane et Defrémery, des lumières qu'ils m'ont données pour traduire certains mots empruntés par les marchands vénitiens aux langues asiatiques.

1. M. Thomas : *Der Doge Andreas Dandolo. Mit den original-registern des Liber Albus, des Liber blancus und der Libri Pactorum aus dem Wiener archiv.* Münich. 1855, p. 137. Extr. des Mém. de l'Acad. de Vienne.

2. M. Thomas, *loc. cit.* p. 43.

[PACTUM TUNISII [1]]

1320. 22 DÉCEMBRE.

Texte vénitien.

Questo e lo exemplo de li comandamenti de Monsayt, imperador, abudi per lo nobel homo miser Michel Dolphin, ambaxador per miser lo doxe e per lo comun de Venesia, fati corando millesimo trecentesimo xx°, mense Decembrio, die xxii exeunte.

1. In prima che tuti li Vinitiani e de li nostri nesuna força li sia fata, e che nesun pedaço, nesuna *tauluço*, nesuna *tamoga*[2], oltra usança antiga, no sian preso *ne lachi* per nesuna chasone.

2. Item, che nesuna citade o logo del vostro imperio li nostri Vinitiani no possa esser constreti a *tamogar*, ne vender le soe chose, senza soa voluntade; mo sian tegnudi li *tamogaci* de quela citade o logo, quando lo nostro Venecian s'en vora andar cum la

Traduction.

Ceci est le texte des Commandements de l'empereur Monsayt, obtenus par le noble homme messire Michel Dolphin, ambassadeur de messire le doge et de la république de Venise, faits courant l'année 1320, à la fin de Décembre, le 22e jour du mois.

1. En premier lieu, qu'à nul Vénitien, qu'à aucun des Notres, sujets vassaux ou protégés de la Seigneurie de Venise, ne soit faite aucune violence; qu'on n'exige d'eux aucune redevance, aucun péage, aucun droit de douane, outre l'ancien usage, sous aucun prétexte.

2. Qu'en aucune cité, qu'en aucun lieu de votre empire nos Vénitiens ne soient contraints à déposer en la douane, ni à vendre leurs marchandises malgré eux; mais que les douaniers de cette ville ou de ce lieu soient tenus, quand un de nos Vénitiens

---

1. Archives de Venise. *Libr. Pactor*. Reg. IV, fol. 84 v°.
2. En turc, *Tamgha*, Marque, est une espèce de péage, dont l'acquittement est attesté par une marque, ou estampille.

Texte vénitien.

soa roba, o mandarla altrove, aquelo chotal Venecian se debia dar lo çonas, a la soa voluntade.

3. Item, che *tatauli*, *charauli*[1], e pedageri del chamin debian prender da li nostri Veneciani solamentre el so drito lialmentre, senza alguna força far aqueli.

4. Item, che entute parte del vostro imperio, la o li nostri Venitiani vendera la soa roba, che la Signoria e *tamgaçi* de quello logo si sian tegnudi a queli de defender, valer e aidar; e similmentre de far che intregamentre sia satisfato de quello che li avesse vendudo.

5. Item, che in tute parte del vostro imperio, la o le soe charavane possera, e furto o danno alguno li fosse fato, che la segnoria, tatauli, charauli e çente de quello logo o sia de quelle contrade sia tegnude de çerchar lo dito furto o danno, et intregamentre trovar, quando ello li fosse denunciadoad li diti nostri Vinitiani. E se quello chotal furto o danno no se trovasse, overo che li robadori no mostraseno, si sia tegnudi el dito furto o danno a li vostri Venetiani de mendar.

Traduction.

voudra s'en aller ou expédier ailleurs ses marchandises, de les lui délivrer à sa volonté, en lui remettant son compte et sa quittance de douane.

3. Que les préposés, gardiens et péagers des routes prennent seulement de nos Vénitiens leur droit loyalement, sans leur faire aucune violence.

4. Qu'en toutes les parties de votre empire, où nos Vénitiens vendront leurs marchandises, le gouvernement et les préposés de la douane du lieu soient tenus de les défendre, de les protéger, de les aider; et semblablement de veiller à ce qu'ils soient payés de ce qu'ils auront vendu.

5. Qu'en toutes les parties de votre empire où leurs caravanes s'arrêteront, si un vol ou un dommage quelconque leur est fait, que le gouverneur, les préposés et gardiens du lieu ou du pays soient tenus de chercher la chose volée et de la trouver en totalité quand le vol leur aura été dénoncé par nos Vénitiens. Et si on ne retrouvait pas les objets enlevés, et si les voleurs n'en faisaient pas la restitution, on sera obligé de dédommager nos Vénitiens du vol ou du dégât dont ils auront souffert.

1. En turc : *Karaoul* ou *Karagoul* est un gardien, un surveillant.

Texte vénitien.

6. Item, che en tute parte del vostro imperio, o le dite chara-vane o merchadanti anderà, possa pascer le soe bestie tre di, sença alguna cosa. E sovra ço nesun no possa contradir.

7. Item, se algun *mucuricho* porterà roba de algun nostro merchadante Venetiano nesuna persona del vostro imperio possa lo dito muzuricho destegnir ne empaçar per raxon de algun de-bito, ne per alguna altra caxon, enfin che'l dicto muçuricho non havesse complido el viaço de li diti nostri Veniciani.

8. Item, se algun *cavalo bo-largo* fosse trovado apreso de algun vostro Veneciano, o che li l'aveso ch'aquelo e chotal Veni-ciano no possa esser molestado; salvo cne se lo serà preso el dicto chavalo da lu, monstrando raxonevelmentre ch'el dicto cavalo fosse *bolargo*.

9. Item, se alguno nostro Ve-netian morisse in lo vostro Im-perio, che nessun de quelli *che archoie lo beltema*, ne nesuna altra persona possa ne no debia entrometer de li beni de quelo che morto fosse, ne alguna raxon

Traduction.

6. Qu'en toutes les parties de votre empire, où les dites cara-vanes et les marchands iront, qu'ils puissent faire paître leurs bêtes pendant trois jours sans rien payer. Et sur ceci que per-sonne ne puisse leur faire aucune difficulté.

7. Lorsque un moucre ou loueur de bêtes de somme se sera chargé de transporter les marchandises de l'un de nos marchands vénitiens, qu'aucune personne de votre em-pire ne puisse retenir ou retarder le dit moucre ni pour cause de dette ni pour aucune autre raison, avant qu'il n'ait achevé le voyage de nos Vénitiens.

8. Si un cheval marqué de la marque de l'empereur [2] est trouvé en la possession d'un Vénitien, que le Vénitien ne soit point molesté; seulement on lui pren-dra le cheval, en montrant équi-tablement que cet animal est marqué.

9. Si un Vénitien meurt dans votre empire, qu'aucun de ceux qui perçoivent le..... ni aucune autre personne ne puisse ni ne doive s'entremettre des biens du défunt, ni prétendre aucun droit en cela, si ce n'est seulement le

1. En arabe, *Moucarian* est vulgairement le Moucre, loueur de bêtes de somme.
2. On marquait ainsi sur la peau, ou sur le sabot, les animaux appartenant aux domaines de l'Empereur.

Texte vénitien.

domandar in ço, se no solamentre lo maçor de li diti Vinitiani.

10. Item, se tanto fosse che
algun Venitiano peccado o rissa
cometesse en lo so imperio, e que
lo Venician volesse che judicio
se fesse en la vostra corte, che
nesuna segnoria, ne altra persona
possa de quello cotal Veniciano
domandar raxon, ne raxon far,
seno solament reel gran *Çerchuçi*[1]
del dito imperio.

11. Item, che nessun possa
domandar ne prender *gista ne
signal* ad algun nostro Venecian,
ne a chalamaçi ne a fameio; ne
algun *derabuto* domandar ne
prender non possa, per quella
caxon. E de ço sia creto al maçor
de li diti Vinitiani, e de tuti li
calamaçi e familiari de lor, a la
soa parola.

12. Item, che de tuti peccadi
o question che fosse de Francho
a Francho nesuna segnoria ne
altra persona se possa entrometer in ço, salvo li lor maçor;
possando li so maçor far raxon e
zustizia segondo la soa usança.

13. Item, che nesun nostro
Venecian non possa portar pena

Traduction.

consul des Vénitiens.

10. S'il arrivait qu'un Vénitien
se rendît coupable d'un délit, ou
eût occasionné une querelle dans
Son empire et que le Vénitien
voulût être jugé par votre cour,
qu'aucun officier ni autre personne puisse connaître en justice
de son affaire, si ce n'est le grand
Zerchuzi de l'empire.

11. Que personne ne puisse
exiger un ..... d'aucun de nos
Vénitiens, ni d'aucun de leurs
drogmans ou serviteurs; qu'on
ne puisse à cette occasion exiger
un tribut d'aucun d'eux. Et
quant à ce, on ajoutera foi à la
parole du consul des Vénitiens.
La déclaration du consul suffira
aussi pour établir la situation de
drogman ou de serviteur des
Vénitiens.

12. De tous délits ou procès
entre Francs, qu'aucun officier ni
autre personne s'entremette, sauf
leur consul; lequel consul leur
rendra droit et justice suivant
leur coutume.

13 Qu'aucun Vénitien ne soit
puni ni même responsable pour

---

1. En Turc-Mongol, *Yargoutchi* est le juge, ou arbitre. Cf. les *Voyages
d'Ibn-Batoutah dans la Perse et dans l'Asie centrale* trad. par M. Defrémery,
tirage à part des Frag. des *Nouv. Annales des Voyag.*, p. 96, n.; M. d'Ohsson,
Hist. t. IV, p. 366.

Texte vénitien.

ne aver briga l'un per l'altro en lo Vostro imperio [1].

14. Item, che nesun baron, segnoria, ne offitiali possa domandar da li nostri Veneciani algun *derabuto* per alguna caxone, ne costrençer quelli che li vada a veder, ne presentar contra lor voluntade.

15. Item, che çascuno *caraulo pedagere*, sea tegnudo d'acompagnar o far acompagnar o per algun *badraga* [2] a lor voluntade de tuti li mercadanti Veniciani per lo camin. E se se li contrafasese, sia tegnudi de mendar el danno, se danno recevesse.

16. Item, che en tute parte o li nostri Veneciani volesse, possa posar en qual logo li plase, cho le so charavane.

17. Item, che se li nostri Frari Latini volesse far in alguna citade o logo del so imperio logo per soa oratio, che li lo possa far; e che alguna persona no li possa dir alguna cossa.

18. Item, che de lo achatar e del vender in alguna parte, nesum se possa enpaçar.

Traduction.

un autre, dans votre empire.

14. Qu'aucun baron, seigneur ou officier, ne puisse exiger de nos Vénitiens aucun tribut sous aucun prétexte; ni retenir ceux qui vont leur rendre visite, ou les obliger à leur donner des cadeaux.

15. Que chaque préposé péager soit tenu d'accompagner dans leur route les marchands vénitiens ou de les faire accompagner par un guide à leur choix. S'il contrevenait (à ce devoir) et qu'il arrivât mal aux Vénitiens, il sera tenu de les dédommager.

10. Qu'en tous lieux où nos Vénitiens voudront aller, ils puissent séjourner avec leurs caravanes.

17. Que si Nos religieux Latins veulent disposer un local (une chapelle) pour leurs exercices religieux dans aucune ville ou lieu (quelconque) de son empire, qu'ils le puissent faire; et que nulle personne ne leur objecte rien.

18. Que nul Vénitien ne soit empêché d'acheter et de vendre en aucun lieu.

1. Cf. notre *Recueil des Traités arabes et chrétiens*, Introd. p. 92, § 4, et cf. ci-après les art. 24 et 27.

2. Badraga paraît être le mot persan *Badrakè*, guide, escorte.

Texte vénitien.

19. Item, che nesum *bacarioto* ne altra persona che devesse dar ad a'gun nostro Veneciano, non possa esser defeso per algun debito che devesse dar ad altri ne per altra caxone.

20. Item, che nesun nostro Veneziano, ne a chalamaci ne ad altro so fameio, non possa esser per alguno caxo domandado ne fato pagar alguna *daia* ne *cholta*, de quelle che se paga en lo dito imperio per lo Imperador, ne per altra persona.

21. Item, che de merchado da Veneciano a Francho, nesum, se no elli, se d'en debia impaçar.

22. Item, che nesum Veniciano, che faça vim per so bevere non page alguna *clummaga ne dreta*.

23. Item, che algun Venetiano no possa esser constretto a pagar pedaço, seno in quello logo lao ello se recoie.

24. Item, che per algun debito o credença fata o che se fesse per algun nostro Veneciano, en le parte del so imperio, che lo non debia entrometer ad alguni altri nostri Veniciani, ne li beni de queli, seno solamentre aquelo che fara el debito. E li beni de quello, sia obligadi al dito debito o credença [1].

Traduction.

19. Qu'aucun marchand ayant boutique au bazar, ni aucun autre homme débiteur d'un de nos Vénitiens ne puisse être empêché de se libérer (vis-à-vis de son créancier) parce que celui-ci devrait quelque chose à un tiers, ou pour tout autre motif.

20. Qu'aucun de nos Vénitiens ni de leurs drogmans ou serviteurs, ne soit, sous aucun prétexte, tenu de payer nul des *droits* ni des *impôts* qui se perçoivent dans le dit empire pour l'Empereur, ou pour toute autre personne.

21. Que d'un marché de Vénitien à Franc, nul, sinon eux-mêmes, ne s'entremette.

22. Que nul Vénitien faisant venir du vin pour son usage, ne paie (sur ce vin) ni ..... ni *droit*.

23. Qu'aucun Vénitien ne soit contraint à payer un péage, si ce n'est dans les lieux où l'on perçoit (ordinairement) le péage.

24. Que pour une dette ou obligation contractée par l'un de nos Vénitiens, dans les pays de son empire, nul autre de nos Vénitiens ne soit atteint dans sa personne ou dans ses biens, mais celui-là seulement qui sera débiteur. Et que ses biens soient obligés pour le paiement de la dite dette ou obligation.

1. Complément de l'article 13.

Texte vénitien.

25. Item, che algun corer de' Veniciani che andasse o che vignisse, no sia enpaçado ne per modo ne per ençeguio.

26. Item, che çaschuno *melicho essiena* sian tegnudo de dar aida e favor al nostro consolo de Venesia, che li recherisse, per far çascuna cossa che lo volesso a li so Veniciani, o a le so charavane, o per çascuno altro modo che lo dito consolo volesse rechirir quelli o soa çente.

27. Item, che [per] nessum fallo ne alguna altra cossa che algun fesse, si en mare como en terra, no possa esser fato ad alguna persona niente, ne a pare per fiio, ne a fiio per pare, ne a compagnon per compagnon che stese in casa ensembre, ne ad algun de la soa çente, se no a coluy proprio che fesse lo fallo [1].

28. Item, che li possa haver tanti sanseri quanti elli vorà e quelli che illi vorà; e che nesum li possa dir encontra.

29. Item, cum zo sia che miser lo Mesaço dise che lo morisse um nostro Veneciano, loqual ave nome Ser Francescho da Canal, in un logo ch'a nome Arsenga,

Traduction.

25. Qu'aucun courrier des Vénitiens allant ou venant ne soit empêché en aucune manière et sous aucune prétexte.

26. Que chaque chef de district soit tenu de donner aide et concours à notre consul de Venise, quand il en sera requis, pour toutes choses concernant ses Vénitiens, ou leurs caravanes, et dans toutes autres circonstances, quand le consul aura à s'adresser au chef ou à ses gens.

27. Que pour aucune faute ni pour aucun autre événement survenu soit sur mer soit sur terre, on ne puisse inquiéter en rien ni le père pour le fils, ni le fils pour le père, ni l'associé pour son associé, ou son compagnon, serviteur ou autre, demeurant dans la même maison. Que celui-là seul qui a fait la faute soit responsable.

28. Que les marchands puissent avoir autant de courtiers qu'il leur conviendra et tels qu'il leur conviendra, et que personne ne leur vienne à l'encontre.

29. Comme messire l'ambassadeur a dit qu'il était mort ici un de nos Vénitiens, lequel avait nom sire François de Canal, en un lieu nommé Arsenga, et que

---

1. Conséquence et développement du principe de la responsabilité personnelle déjà stipulé dans les articles 13 et 24.

Texte vénitien.

e che li soy beni fossi tolti per
uno che a nome Badradin Lulu,
vol miser lo Imperador che man-
dando miser el Mesaço so meso,
che lo sia rendude e dade li diti
beni al predito meso.

E chi contrafara a queste cosse
sovrascrite, debia esser morto;
per parola del dito imperador.

Traduction.

ses biens ont été pris par un
nommé Badradin Lulu, le seigneur Empereur ordonne que
lorsque messire l'ambassadeur
enverra un homme en son nom,
on rende les dits biens à cet
envoyé.

Qui contreviendra aux choses
ci-dessus écrites, sera mis à mort.
C'est l'ordre de l'Empereur.

L. DE MAS-LATRIE.

Nogent-le-Rotrou, imprimerie de A. Gouverneur.

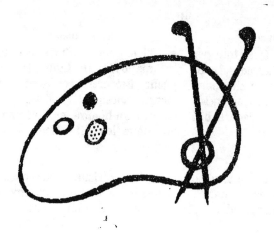

Original en couleur

NF Z 43-120-8